HOODOO

CREENCIAS Y PRÁCTICAS DE TRADICIONES
ESPIRITUALES DE ÁFRICA
LIBRO 1

MONIQUE JOINER SIEDLAK

Creencias y Prácticas de Tradiciones
Espirituales de África

HOODOO

Oshun Publications

Hoodoo ©2025 Monique Joiner Siedlak

ISBN 978-1-961362-41-3 (Rústica)

ISBN 978-1-961362-40-6 (eBook)

Todos Los Derechos Reservados

El contenido de este libro no puede ser reproducido, duplicado o transmitido sin el permiso escrito directo del autor o del editor.

Bajo ninguna circunstancia se atribuirá culpa o responsabilidad legal contra el editor o autor por cualquier daño, reparación o pérdida monetaria debido a la información contenida en este libro, ya sea directa o indirectamente.

Aviso Legal

Este libro está protegido por derechos de autor. Es solo para uso personal. No puede modificar, distribuir, vender, utilizar, citar o parafrasear ninguna parte o el contenido de este libro sin el consentimiento del autor o editor.

Aviso de Descargo de Responsabilidad

Tenga en cuenta que la información contenida en este documento es solo para fines educativos y de entretenimiento. Se ha realizado todo esfuerzo para presentar información precisa, actualizada, fiable y completa. No se declaran ni implican garantías de ningún tipo. Los lectores reconocen que el autor no está involucrado en la prestación de asesoramiento legal, financiero, médico o profesional. El contenido de este libro se ha obtenido de diversas fuentes. Consulte a un profesional licenciado antes de intentar cualquier técnica descrita en este libro.

Al leer este documento, el lector acepta que bajo ninguna circunstancia el autor es responsable de cualquier pérdida, directa o indirecta, que se produzca como resultado del uso de la información contenida en este documento, incluyendo, pero no limitándose a, errores, omisiones o inexactitudes.

Diseño de Portada por Inkspire Designs

Imagen de Portada por Pixabay.com

Publicado por Oshun Publications

9 Old Kings Road Ste. 123; #1038; Palm Coast, FL 32137

www.oshunpublications.com

ÍNDICE

Introducción	vii
1. ¿Qué es el Hoodoo?	1
2. Creencias y Prácticas	5
3. El Altar	9
4. Velas en Hoodoo	11
5. Quema de Velas Utilizando los Salmos	15
6. Espíritus y Santos	31
7. Papeles de Petición	35
8. Frascos Endulzantes	39
9. Hechizos y Amuletos de Hoodoo	47
10. Hierbas De Cocina Para Atraer Dinero	51
11. Bolsas Mojo	53
12. Muñecos Vudú	59
13. Aceites	67
Conclusión	75
Otras Obras de Monique Joiner Siedlak	77
Acerca del Autor	79

INTRODUCCIÓN

Este libro te ayudará a entender las raíces principales del Hoodoo. Lo mejor es que no requiere mucho tiempo. No necesitas un plan intrincado que implique herramientas costosas o años de entrenamiento. Tienes que creer en ti mismo, que puedes conseguir tu intención. No debes esperar que ocurra o pensar que tal vez suceda. Debes saberlo. Saberlo en lo más profundo. Muchas personas verán esto como pura superstición.

Independientemente de tu sistema de creencias, el Hoodoo implica tener gran cuidado en lo que piensas, dices y haces. Las consecuencias de tus acciones se reflejarán en el resultado del hechizo. Si eres deshonesto y persistente, podrías obtener lo que deseabas, pero ¿lo conservarás? ¿Podrás? ¿O te será arrebatado como compensación por tus acciones? Por otro lado, si tu intención es honesta y pura, podrías recibir lo que deseas y beneficiarte significativamente de ello. Así que planifica sabiamente. Sé claro en tu intención. Lanza con alegría y comunícate con tu Dios o Diosa. Todo esto te ayudará a manifestar lo que necesitas y, al final, lo que deseas.

UNO
¿QUÉ ES EL HOODOO?

El Hoodoo es una práctica mágica establecida que se cree que se originó en África y fue despojada de su filosofía espiritual original cuando los africanos fueron llevados a América como esclavos. El Hoodoo llegó al nuevo mundo con aquellos arrancados de sus tierras nativas, a quienes se les negaron sus identidades y su religión. Desde entonces, ha absorbido creencias y prácticas de otras culturas como la espiritualidad nativa americana y la magia ceremonial europea.

Los esclavos se encontraron en un lugar donde eran considerados propiedad de los esclavistas. Los esclavos africanos y nativos americanos a menudo trabajaban juntos, y algunos creen que a través de esta convivencia los esclavos aprendieron mucho sobre los usos medicinales y mágicos de las hierbas nativas de América.

Como varios dueños de esclavos se asociaban con el cristianismo, querían convertir a sus trabajadores esclavos. Con el peligro de muerte acechando, no se les permitía practicar su religión. Los esclavos expresaban sus creencias bajo la apariencia de la religión predominante de su región. En el sureste, donde las personas eran mayoritariamente cristianos protestantes, el Hombre Oscuro de la Encrucijada llegó a ser conocido como el Diablo del cristianismo.

En áreas donde el catolicismo era la religión principal, como Nueva Orleans, las prácticas de Hoodoo se mezclaron no solo con el catolicismo sino también con el Vudú. Con esto, los santos cristianos a menudo se conectaban con los espíritus y deidades del Vudú. Por ejemplo, la deidad del Vudú llamada Damballah, que comúnmente tomaba la forma de una serpiente, se asociaba con San Patricio y su expulsión de las serpientes de Irlanda.

En los estados del norte donde los afroamericanos eran algo más libres, entraron en contacto con inmigrantes europeos que llegaron a América buscando libertad religiosa, trayendo consigo sus creencias y prácticas de magia popular. A través de las interacciones con estos inmigrantes, y poco después a través de sus escritos, el Hoodoo incorporó elementos de su magia y prácticas.

Los afroamericanos incorporaron algunos elementos de la cultura europea, como el ocultismo y el misticismo. Con la movilidad de los negros desde el sur rural hacia áreas más urbanas en el norte, se caracterizaron los artículos utilizados en el Hoodoo. Los farmacéuticos judíos abrieron sus tiendas en las comunidades negras y ofrecían cosas tanto solicitadas por sus clientes negros como cosas que sentían que serían útiles. La aceptación del ocultismo y el misticismo puede observarse en velas en frascos de vidrio con cera coloreada, a menudo etiquetadas para propósitos específicos como "Descruce" y "Suerte Rápida".

A través de que la comunidad afroamericana encontrara representaciones y oraciones cristianas, esto se convirtió en una adición natural al simbolismo similar del Hoodoo. Reflejando la concepción del Hoodoo de la Biblia como amuleto, el libro mismo se propone ser un talismán protector.

Con el Sexto y Séptimo Libros de Moisés como un grimorio que se hizo popular entre los europeos, supuestamente basado en la Cábala judía. Conteniendo numerosos signos, sellos y pasajes en hebreo, se cree que están relacionados con el poder de Moisés para realizar milagros.

El Hoodoo muestra claras asociaciones con las prácticas y creencias de las formas tradicionales místicas Fon nu y Ewe. El método convencional del Vudú, o Vodun, es una práctica espiritual más consistente y ampliamente dispersa que el Hoodoo. El sistema actual de Vudú se practica en África Occidental en países como Benín, Burkina Faso y Togo, además de otros. En las Américas, la veneración del Loa del Vudú se integra con los santos católicos romanos. El Vudú de Luisiana, el Vudú de Haití y el Vudú de Cuba, República Dominicana y Puerto Rico están más relacionados con el Vudú que con el Hoodoo.

DOS
CREENCIAS Y PRÁCTICAS

Un practicante de Hoodoo/Trabajador de Raíces/Conjurador trabaja con la Biblia cristiana (protestante o católica). Es mediante una mezcla de las palabras de Jesucristo, la intervención de María, la invocación de los Santos, junto con el uso de los Salmos, que se obtiene gran poder para muchos trabajos.

Cuando trabajas con Hoodoo, existirá una perspectiva más afroamericana sureña. Un trabajador de raíces puede desempeñarse junto a las apariciones de los escoceses-irlandeses-alemanes en las montañas de los Apalaches. Juntos utilizarán la Biblia, particularmente los Salmos, y varios sellos.

Como resultado del contacto con diversas creencias y prácticas, las religiones de los esclavos africanos se transformaron en una mezcolanza de prácticas mágicas conocidas como Hoodoo. Aunque Hoodoo no es una religión, sus practicantes a menudo utilizan la mitología cristiana, aunque algunos son igual de propensos a pedir a Papá Legba que elimine los obstáculos y abra el camino ante ellos.

Intención

En la Tradición Hoodoo, las maldiciones son vistas como un deseo o anhelo que solo Dios puede conceder y, naturalmente, cuando la maldición está justificada. Por ejemplo, si colocas un polvo para maldecir a alguien, solo afectará a ese individuo específico y a nadie más. Incluso si otras personas caminan sobre el polvo. Además, las maldiciones innecesarias o inmerecidas no causan daño. Ahora bien, si una maldición está justificada y es expresada por una persona con derecho a hacerlo, como un trabajador de raíces, se dice que no fallará.

Adivinación

El poder de predecir el futuro y comunicarse con espíritus fantasmales es una de las habilidades más significativas del practicante espiritual. La clarividencia permite al individuo estudiar el pasado y el presente para revelar las probabilidades de un evento futuro. La adivinación muestra que, mediante la participación activa en las acciones que tienen lugar en la vida de una persona, se pueden cambiar las posibilidades hacia los resultados deseados.

La Divina Providencia

La mayoría de los seguidores del Hoodoo tienen fe en alguna forma de Poder Superior a quien dirigen sus oraciones y peticiones. Esta supremacía puede ser simplemente mencionada como Dios o cualquier número de deidades o espíritus de las primeras religiones. Algunos incluso pueden tener diferentes deidades, de diferentes religiones para diferentes propósitos. Se cree que estas presencias toman un interés activo en los asuntos de los humanos y tienen la capacidad de influir en nuestras vidas.

Principio de Signaturas

Una creencia que sostiene que el Creador manifestó todo en la realidad con una marca, o una signatura, que designa su propósito previsto. Además, mediante una observación cuidadosa, uno puede deducir los usos de una planta a partir de una característica de su forma, su nombre, su color, incluso donde crece.

Justicia Vengativa

La justicia vengativa es un sistema de castigo basado en el principio bíblico de ojo por ojo. A diferencia de otras religiones que aceptan la magia como parte de sus creencias y exhortan a sus miembros a no hacer daño, el Hoodoo permite a una persona no solo protegerse por medios mágicos, sino también vengarse de aquellos que les han maltratado. Por otro lado, el castigo debe ser proporcional al crimen.

Vida Después de la Muerte

Además de la creencia en un Poder Superior, existe la idea de la supervivencia continua del alma después de la muerte física. Varios trabajadores de raíces comienzan trabajando con los espíritus de los muertos mediante el uso de los Ancestros. Los Ancestros son los espíritus de los muertos que están conectados por sangre. Algunos creen que los muertos no mueren, sino que más bien ascienden a otro nivel de existencia. Uno desde el cual pueden observarnos y ayudarnos. Desde este nivel superior, los Ancestros pueden guiarnos en nuestra vida diaria, interceder con el Ser Supremo en nuestro nombre y cuidarnos en momentos de necesidad.

TRES
EL ALTAR

La ubicación de un altar funcional para trabajar tu magia puede ser un altar permanente para tus espíritus o uno temporal en el cual puedes realizar el hechizo, ordenar y guardar los elementos después de que el hechizo haya terminado. Los altares pueden instalarse en el suelo, como en los Ritos de Conjuro Africanos, Ceremonias para Loas del Vudú Haitiano, Altares de Pooja y Altares Budistas. Algunos altares se colocan sobre mesas pequeñas o cómodas decorativas altas. Los altares se limpian ritualmente con agua bendita, agua de Florida u otras aguas sagradas preparadas especialmente para limpiar el espacio ritual. Se colocan manteles de altar para distinguir el altar.

El blanco es el color universal para todo tipo de cubiertas de altar, pero pueden venir en colores y diseños que correspondan al trabajo o al espíritu con el que se está trabajando. Los altares sencillos para los Santos o Espíritus pueden consistir en un mantel blanco, vasos de agua, una vela blanca, café negro y la representación del Espíritu con el que se está trabajando. Los altares más elaborados tendrán imágenes, velas, flores, perfumes, alimentos, bebidas y otros regalos sagrados para el Espíritu al que se invoca.

Un altar para un hechizo particular puede ser igual. Cuando prepares tu altar, hazlo con concentración. Mantén tu mente clara, pero enfocada en tus intenciones. Barre y limpia el polvo del área, guardando los elementos desordenados que sean desagradables a la vista. Si tienes un área de almacenamiento limitada para objetos desordenados, coloca una división en tu habitación. Cuando organizamos nuestros espacios de trabajo, organizamos nuestra mente y alma.

Limpia tu espacio con agua limpia y bendita o perfume. Toma un baño purificador antes de preparar tu altar. Coloca tus otras herramientas para lanzar hechizos como imágenes, velas, polvos, curiosidades, aceites y artículos personales. Una vez que completes tu hechizo, el altar podría necesitar permanecer instalado por varios días hasta que el ritual esté completo, o para que los espíritus coman y beban sus ofrendas.

Cuando el hechizo haya terminado, ya sea un día o siete días, retira los elementos para su eliminación adecuada según el ritual y lleva cualquier ofrenda para los espíritus a un árbol o cruce de caminos y agradece apropiadamente a los espíritus. A veces las ofrendas se colocan en el patio delantero o trasero, lo cual será determinado por el ritual mismo.

CUATRO
VELAS EN HOODOO

Tipos de velas de Hoodoo

El trabajo con velas es un factor esencial del hoodoo. Para los colores de velas apropiados, existen hechizos con velas móviles, hechizos con velas estacionarias, velas de vigilia y otros. Estas son solo algunas de las velas habituales que se encuentran en la práctica del hoodoo:

Adán y Eva - Atrae a tu amante más cerca de ti, aumenta el deseo sexual. Fortalece tu matrimonio y el amor que comparten mutuamente. También puede mejorar un matrimonio.

Adán y Steve - Ya sea que estés felizmente contento o atravesando un momento difícil, esta vela fortalece la relación entre dos hombres que se aman.

Alicia y Eva - Ayuda a fortalecer la relación, específicamente entre dos mujeres.

Acción Doble - Velas con 2 colores para liberar, desterrar la negatividad y atraer influencias positivas.

Ven a Mí - Atrae y compele a tu interés amoroso hacia ti.

Caso Judicial - Ayuda en casos judiciales y otros asuntos legales.

Corona de Gloria - Éxito, victoria en todos los esfuerzos.

Detener Chismes - ¡Cállate! Detiene los chismes en seco y revierte el daño que han causado.

High John - La raíz de High John the Conqueror es la hierba más potente en Hoodoo. Para ser usada cuando necesitas éxito frente a cualquier obstáculo.

Removedor de Maleficios - Elimina la confusión, el dolor, los problemas y cualquier mal en tu vida para ayudarte a liberarte de cualquier maleficio que se cruce en tu camino.

Suerte 7 - Aumenta la suerte, la buena fortuna, para juegos de azar, lotería, juegos de apuestas.

Atrae Dinero - Atrae el dinero y la prosperidad que necesitas y deseas.

Reversión - Devuelve maldiciones, maleficios y males a quien te los envió.

Abridor de Caminos - Despeja tu camino de obstáculos y abre un camino suave ante ti.

Siete Días - Las velas de siete nudos se usan comúnmente en trabajos rituales que abarcan siete días, quemándose un nudo por cada día del hechizo.

Limpieza Espiritual - Elimina energías antiguas, remueve pensamientos y sentimientos negativos, y alivia emociones abrumadoras y sentimientos de inquietud y dudas sobre uno mismo.

Trabajo Estable - Enciéndela para encontrar un nuevo trabajo o un trabajo mejor, o para ayudar a protegerte de los despidos.

Hogar Tranquilo - Suaviza discusiones, resuelve desacuerdos y trae paz a todo el hogar. También para bendecir un nuevo hogar.

Descruce - Elimina hechizos, maleficios, trabajos negativos de otros contra ti.

CINCO
QUEMA DE VELAS UTILIZANDO LOS SALMOS

Principalmente, recitas el salmo adecuado mientras quemas la vela del color correspondiente. Prepararás tu vela con un aceite apropiado para conectar con el resultado deseado.

Salmo 1

Para traer paz o bendiciones al hogar. Prepara una vela azul.

Salmo 2

Cuando te enfrentas a una tormenta en el mar. Prepara una vela azul.

Salmo 3

Para apoyo espiritual en situaciones de estrés o aflicción. Prepara una vela blanca.

Salmo 4

Para atraer buena suerte. Prepara una vela verde.

Salmo 5

Para limpiar tu negocio de posibles bloqueos por el mal. Prepara una vela púrpura.

Salmo 6

Para un viaje seguro por mar. Prepara una vela azul.

Salmo 7

Para superar el mal causado por tus enemigos. Prepara una vela púrpura.

Salmo 8

Para ganar favor en transacciones de negocios. Prepara una vela verde.

Salmo 9

Para un niño enfermo. Prepara una vela azul.

Salmo 10

Para eliminar influencias negativas que sientes a tu alrededor. Prepara una vela púrpura.

Salmo 11

Para superar el miedo y la calumnia. Prepara una vela púrpura.

Salmo 12

Para elevarte por encima de los chismes de enemigos. Prepara una vela púrpura.

Salmo 13

Para mantenerte a salvo durante veinticuatro horas. Prepara una vela púrpura.

Salmo 14

Protección contra enemigos, calumnias y desconfianza. Prepara una vela rosa.

Salmo 15

Para superar la depresión. Prepara una vela amarilla.

Salmo 16

Para cambiar una situación infeliz en una feliz. Prepara una vela naranja.

Salmo 17

Para un viaje seguro. Prepara una vela azul.

Salmo 18

Para superar a atacantes y ladrones. Prepara una vela púrpura.

Salmo 19

Para un parto seguro y guiar a los niños hacia una vida exitosa. Prepara una vela azul.

Salmo 20

Para evitar persecución y cárcel por parte de un juez. Prepara una vela púrpura.

Salmo 21

Para repeler una tormenta en el mar. Prepara una vela azul.

Salmo 22

Para repeler la mala suerte. Prepara una vela gris.

Salmo 23

Buena suerte, éxito, fortuna, visiones y sueños guiadores. Prepara una vela amarilla.

Salmo 24

Para ablandar los corazones de personas insensibles. Prepara una vela roja.

Salmo 25

Para recibir gran fortaleza frente a la oposición. Prepara una vela roja.

Salmo 26

Para que alguien en prisión sea liberado antes. Prepara una vela púrpura.

Salmo 27

Para ser aceptado en un lugar extraño o nuevo. Prepara una vela rosa.

Salmo 28

Para lograr la paz con una persona con quien has tenido una pelea. Prepara una vela rosa.

Salmo 29

Para expulsar influencias malignas de otro. Prepara una vela púrpura.

Salmo 30

Para agradecer por dar o recuperarse de una enfermedad. Prepara una vela púrpura.

Salmo 31

Contra la calumnia. Prepara una vela púrpura.

Salmo 32

Para reconciliarte con un amigo o amor, para ganar aprecio, respeto. Prepara una vela púrpura.

Salmo 33

Para la protección de un recién nacido. Prepara una vela roja.

Salmo 34

Para un final seguro en tus viajes. Prepara una vela azul.

Salmo 35

Si la ley está tomando medidas para castigarte. Prepara una vela púrpura.

Salmo 36

Para protegerte contra calumnias injustas. Prepara una vela púrpura.

Salmo 37

Romper condiciones cruzadas o maleficios. Prepara una vela azul.

Salmo 38

Para enfermedad o mala salud. Prepara una vela púrpura.

Salmo 39

Para superar la calumnia. Prepara una vela púrpura.

Salmo 40

Para liberarte de la opresión maligna. Prepara una vela negra.

Salmo 41

Para pedir necesidades materiales. Prepara una vela naranja.

Salmo 42

Recuperar tu reputación como socio comercial del que se desconfía. Prepara una vela púrpura.

Salmo 43

Si los enemigos te han hecho perder dinero y han generado desconfianza. Prepara una vela púrpura.

Salmo 44

Para estar a salvo de enemigos. Prepara una vela púrpura.

Salmos 45/46

Para restaurar la paz y el amor en las relaciones. Prepara una vela rosa.

Salmo 47

Para ser aceptado, querido y respetado por todos. Prepara una vela rosa.

Salmo 48

Para superar a aquellos que te envidian. Prepara una vela púrpura.

Salmo 49

Para superar la fiebre. Prepara una vela azul.

Salmo 50

Para estar a salvo de robos planeados o peligros. Prepara una vela púrpura.

Salmo 51

Para liberarte de la culpa. Prepara una vela púrpura.

Salmo 52

Para elevarte por encima de la calumnia. Prepara una vela púrpura.

Salmo 53

Para silenciar enemigos y calumnias. Prepara una vela púrpura.

Salmo 54

Para vengarte de los enemigos del salmo. Prepara una vela púrpura.

Salmo 55

Para superar la persecución por enemigos. Prepara una vela púrpura.

Salmo 56

Para superar el materialismo. Prepara una vela marrón.

Salmo 57

Para tener buena suerte en todo lo que hagas. Prepara una vela verde.

Salmo 58

Para una comunión pacífica con animales y naturaleza. Prepara una vela rosa.

Salmo 59

Para defensa contra enemigos, rivales y asaltantes. Prepara una vela púrpura.

Salmo 60

Para la protección de la persona militante. Prepara una vela púrpura.

Salmo 61

Para tener muchas bendiciones al mudarte a un nuevo hogar. Prepara una vela verde.

Salmo 62

Para encontrar perdón en tu corazón. Prepara una vela rosa.

Salmo 63

Para superar problemas y pérdidas por socios comerciales. Prepara una vela púrpura.

Salmo 64

Para tener un viaje seguro y exitoso. Prepara una vela azul.

Salmo 65

Para que todas tus empresas sean afortunadas y ventajosas. Prepara una vela dorada.

Salmo 66

Contra obsesiones y compulsiones negativas. Prepara una vela púrpura.

Salmos 67/68

Para no ser derribado por eventos adversos. Prepara una vela púrpura.

Salmo 69

Para liberarte de hábitos dañinos o malignos. Prepara una vela gris.

Salmo 70

Para vencer a un enemigo de manera justa. Prepara una vela púrpura.

Salmo 71

Para liberar a un prisionero. Prepara una vela púrpura.

Salmo 72

Para tener felicidad en todo tipo de relaciones. Prepara una vela rosa.

Salmo 73

Para no ser influenciado a negar la fe. Prepara una vela blanca.

Salmo 74

Vencer persecuciones por enemigos amargados. Prepara una vela púrpura.

Salmo 75

Para lograr el perdón de los pecados. Prepara una vela gris.

Salmo 76

Protección contra fuego y agua. Prepara una vela roja.

Salmo 77

Para que se puedan obtener las necesidades diarias y evitar daños. Prepara una vela blanca.

Salmo 78

Para respeto. Prepara una vela púrpura.

Salmo 79

Fatal para los enemigos. Prepara una vela gris.

Salmos 80/81

Para salvar a amigos de errores. Prepara una vela gris.

Salmo 82

Ayuda a atraer negocios. Prepara una vela verde.

Salmo 83

Permanecer a salvo en la guerra, evitar el cautiverio. Prepara una vela púrpura.

Salmo 84

Para superar enfermedades crónicas y malos olores. Prepara una vela azul.

Salmo 85

Para reconciliarte con un antiguo amigo. Prepara una vela rosa.

Salmo 86

Para traer éxito a otros. Prepara una vela verde para atraer.

Salmo 87

Para cualquiera que beba demasiado. Prepara una vela gris.

Salmo 88

Para traer éxito a otros. Prepara una vela amarilla.

Salmo 89

Para sanar al enfermo rápidamente también libera a un prisionero. Prepara una vela azul.

Salmo 90

Para protección en tu vivienda. Prepara una vela púrpura.

Salmo 92

Para ayudarte a ser honorable. Prepara una vela verde.

Salmo 93

Para ayuda en casos judiciales. Prepara una vela púrpura.

Salmo 94

Protección contra enemigos. Prepara una vela gris.

Salmo 95

Para ayudar a amigos que están a punto de cometer un grave error. Prepara una vela gris.

Salmos 96/97

Para traer felicidad y bendiciones a tu familia. Prepara una vela verde.

Salmo 98

Para establecer paz entre los miembros de tu familia. Prepara una vela rosa.

Salmo 99

Para una persona que desea mayor conciencia espiritual. Prepara una vela blanca.

Salmo 100

Para conquistar enemigos desconocidos. Prepara una vela púrpura.

Salmo 101

Contra el Mal de Ojo. Prepara una vela púrpura para repeler.

Salmos 102/103

Para la fertilidad. Prepara una vela roja.

Salmo 104

Para liberarte de la melancolía. Prepara una vela púrpura.

Salmos 105/106/107

Para deshacerte de fiebres. Prepara una vela azul.

Salmo 108

Para negocios exitosos. Prepara una vela naranja.

Salmo 109

Para protección contra un enemigo que no te deja en paz. Prepara una vela púrpura.

Salmo 110

Para tener encanto. Prepara una vela amarilla.

Salmo 111

Para tener más amigos. Prepara una vela amarilla.

Salmo 112

Para suerte en asuntos de dinero como un nuevo trabajo, subvención o préstamo. Prepara una vela verde.

Salmo 113

Para desarrollar autoequilibrio y armonía. Prepara una vela púrpura.

Salmo 114

Para un emprendimiento comercial exitoso. Prepara una vela dorada.

Salmo 115

Para enseñar. Prepara una vela púrpura.

Salmo 116

Para seguridad. Prepara una vela púrpura.

Salmo 117

Para ayudarte a mantener tu palabra. Prepara una vela púrpura.

Salmo 118

Para tener una fuerza de voluntad positiva. Prepara una vela púrpura.

Salmo 119

Para recibir justicia y una audiencia favorable de una demanda. Prepara una vela azul.

Salmo 120

Para recibir justicia en la corte. Prepara una vela púrpura.

Salmo 121

Para seguridad durante viajes nocturnos. Prepara una vela azul.

Salmo 122

Para seguridad si viajas solo de noche. Prepara una vela azul.

Salmo 124

Para un viaje seguro por agua. Prepara una vela azul.

Salmo 125

Para ganar poder cuando los enemigos parecen sobrepasarte. Prepara una vela púrpura.

Salmo 126

Para que un bebé viva. Prepara una vela púrpura.

Salmo 127

Prevenir el mal a un recién nacido. Prepara una vela púrpura.

Salmo 128

Para seguridad de la mujer embarazada. Prepara una vela púrpura.

Salmo 129

Para lograr poder espiritual. Prepara una vela blanca.

Salmo 131

Para superar el orgullo. Prepara una vela púrpura.

Salmo 132

Para ganar la capacidad de mantener tu palabra. Prepara una vela púrpura.

Salmo 133

Para mantener el amor de amigos y adquirir más amigos. Prepara una vela rosa.

Salmo 136

Para romper los ciclos de negatividad. Prepara una vela gris.

Salmo 137

Para liberar del corazón odio, envidia y rencor profundamente arraigados. Prepara una vela púrpura.

Salmo 138

Para atraer amor y amistad. Prepara una vela rosa.

Salmo 139

Para profundizar el amor entre parejas. Prepara una vela roja.

Salmo 140

Para eliminar problemas matrimoniales. Prepara una vela púrpura.

Salmo 141

Para deshacerte del miedo. Prepara una vela púrpura.

Salmos 142/143

Para aliviar el dolor en brazos y piernas. Prepara una vela azul.

Salmo 144

Para acelerar la curación de extremidades rotas. Prepara una vela azul.

Salmo 145

Para desterrar espíritus malignos. Prepara una vela negra.

Salmo 146

Para curar una herida. Prepara una vela azul.

Salmo 147

Para curar infecciones. Prepara una vela azul.

Salmos 148/149

Para prevenir incendios destructivos. Prepara una vela púrpura.

Salmo 150

Agradecimiento por escapar del peligro. Prepara una vela roja.

SEIS
ESPÍRITUS Y SANTOS

Rezar a los Santos es una práctica cristiana establecida desde hace mucho tiempo. Las peticiones de intervención en nombre del suplicante se hacen a su santo patrono. Algunos creyentes solo rezan a la Virgen María, a Jesús o simplemente a Dios. No hay una única forma correcta. Cada persona tiene una práctica particular o lo que es habitual en su familia. Algunos Santos desean ofrendas específicas de comida o regalos, mientras que otros Santos aceptan una simple vela blanca con un vaso de agua.

También se invoca a los Espíritus para pedir favores y condiciones especiales. Se pueden ofrecer alimentos, bebidas y otras ofrendas como compensación o como una simple ceremonia de veneración a tu espíritu particular. También hay momentos en los que un simple saludo y agradecimiento funciona igualmente bien.

A continuación, he enumerado una lista de Santos y Espíritus que se han utilizado para peticiones especiales. Trabajar con los Santos debe ser un proceso fácil y sencillo; no hay necesidad de complicarlo demasiado. Simplemente elige tu Santo deseado y lee su historia. El estudio de la historia de un Santo puede ayudarte a construir un altar para ellos y a obtener las ofrendas adecuadas para darles.

Aun así, una simple vela y agua es igualmente efectivo y será apreciado.

Espíritus

Niño de Praga- protege a los niños.

María Magdalena- perfumistas, mujeres penitentes, peluqueros, farmacéuticos, boticarios.

Nuestra Señora de Guadalupe- la virgen bendita- bendiciones, amor, sanación, protección.

Santísima Trinidad- paz, lealtad, familia.

Miguel Arcángel- Miguel es un ángel, no un santo, pero se utiliza para defender y batallar, protector contra el mal, enemigos, demonios.

Santos

Santa Ana- madres, parto, abuelas.

San Antonio- encuentra objetos perdidos, llaves, amantes.

Santa Bárbara- protectora de la muerte y las batallas.

San Benito- protector contra la brujería, enfermedades, dolencias, sana a los enfermos.

Santa Brígida- protege a bebés, niños, viajeros, eruditos, marineros.

San Cristóbal- protege a los viajeros.

Santa Clara- guía hacia la sabiduría y la luz.

San Expedito- ayuda a obtener resultados más rápidos.

San Francisco de Asís- protege a los animales.

San Jorge- soldados, jinetes, defensor, carniceros, trabajadores del campo, armeros y caballería.

San Gerardo- embarazo, maternidad.

Santa Elena- viudas, divorciadas, matrimonios difíciles.

San José- aumento de sueldo, conseguir trabajo, asuntos del hogar, venta de casas, paso a una muerte más tranquila.

San Judas- resuelve casos imposibles, cáncer.

Santa Lucía- escritores, poetas, periodistas.

Santa Marta- protección, utilizada para mantener a un hombre fiel.

San Pedro- abre puertas, negocios.

San Ramón- protege contra enemigos y chismosos.

Santa Sofía- sabiduría, iluminación, estudiantes.

SIETE
PAPELES DE PETICIÓN

Tradicionalmente, los practicantes de Hoodoo no compraban papel ya que muchos eran sirvientes y esclavos. El papel desechado o encontrado se utilizaba para sus trabajos de raíz.

El papel marrón se usaba generalmente en aquella época para envolver mercancías compradas en una tienda de artículos secos. Los sirvientes y esclavos guardaban el papel marrón para ellos mismos, que de otra manera hubiera sido desechado.

Además, las raciones semanales de los esclavos, que consistían en manteca, harina de maíz, melaza, carne, guisantes, verduras y harina, se almacenaban envueltas en papel marrón. Por lo tanto, los trozos rotos de papel marrón se convirtieron en una tradición Hoodoo utilizada para la mayoría de las peticiones y, si podían conseguirlo, un trozo de papel de bolsa de azúcar se usaba para obtener un poco más de fuerza para los hechizos de endulzamiento. Este papel también es adecuado para cualquier tipo de trabajo con el que desees atraer cosas hacia ti.

Muchos trabajadores de raíz Hoodoo hoy en día aún mantienen esta tradición de usar trozos de papel marrón y papel de bolsa de azúcar. Varios de ellos también usan papel pergamino o papel blanco común para fotocopias.

Entonces, ¿por qué no ser creativo con tus papeles de petición? Hay varias formas de proceder a escribir tu petición en papel; sin embargo, es especialmente importante que pienses en hacer lo que te parezca correcto en este caso. Sé tan creativo como quieras. Prueba usar imágenes, palabras, símbolos o todos ellos.

Supongamos que quieres ganar más en tu trabajo. Usa tu recibo de pago como papel de petición. Pero tienes depósito directo. Siempre puedes descargar copias de tu recibo de pago y usarlo como tu papel de petición. ¿Intentas pagar una factura? Usa el talón de la factura.

Puedes ser expresivo con los colores de tinta que usas en el papel. El color es un elemento excelente.

La petición más sencilla de todas implica escribir un número impar de veces, generalmente 3, 7, 9 o 13, el nombre de la persona en un cuadrado de papel. En general, los números más comunes son 3, 7 y 9.

La cantidad de veces que escribirías un nombre en una petición debe centrarse en tu intención y en aquellos números que estén en armonía con tu intención.

Se cree que el tres es un número de uso general para cuántas veces escribir un nombre y es el número para la manifestación.

Relacionado con la suerte y la atracción está el número 7. Si estás intentando provocar cualquier tipo de cambio a largo plazo, escribe el nombre siete veces. También puedes escribir un nombre en el papel al revés para enviar a esa persona lejos.

Para imponer tu voluntad sobre otros, el 9 es un número muy poderoso para usar. El nueve también puede usarse para controlarlos y cruzarlos.

Como último punto, el número 13 está sumergido en superstición. Frecuentemente visto como un número de mala suerte, se utiliza cuando deseas invertir el trabajo de un enemigo, cruzar o descruzar a otra persona o a ti mismo.

OCHO
FRASCOS ENDULZANTES

Los frascos endulzantes son un tipo de hechizo en frasco o botella que se utiliza para "endulzar" a alguien hacia ti, es decir, hacer que sea más amable, dispuesto u ofrezca bondad hacia ti. Estos hechizos pueden utilizarse en casos judiciales en los que deseas que el juez y los abogados se pongan de tu lado en lugar del lado del oponente. Pueden usarse para reconciliarte con un familiar, amigo o amante. Puedes usarlos para endulzar a un nuevo interés romántico hacia ti. Puedes usar uno para endulzar a tu jefe o conseguir un nuevo trabajo. Son hechizos de frasco simples; pero a veces funcionan lentamente. Mantenerlos con la quema constante de velas sobre la tapa del frasco es útil en circunstancias serias. La ventaja de estos elementos sin complicaciones es que puedes usar un frasco eficazmente durante meses o incluso un año después. Cuando hayas terminado con el frasco, dale un entierro apropiado en el jardín delantero, en dirección este, o en una planta en maceta.

El tipo de vela que se coloca encima no es tan significativo como lo que va sobre la vela y dentro del frasco. Puedes usar velas tipo pilar, velas de té, cirios o veladoras. Todas son opciones adecuadas dependiendo de tu estilo y del tipo de trabajo que estés haciendo. Decide el color adecuado para tu trabajo, o usa la vela blanca universal.

Selecciona los aceites de hoodoo apropiados para tus velas, y elige las hierbas, curiosidades y polvos hoodoo para poner dentro de tus frascos. Decide un número impar de ingredientes para introducir en el frasco. La miel cuenta como uno. Algunos trabajadores de raíces utilizan sirope, azúcar moreno, azúcar blanco o jarabe de maíz como sustituto de la miel. Yo uso miel local de un amigo. Esta es mi preferencia. Soy un gran bebedor de té. Nunca me gustó realmente el café.

El frasco debe ser de vidrio y tener una tapa metálica, ya que quemarás velas encima y el plástico se derretiría. También debe tener una tapa que ajuste bien, para que la cera no se filtre en el proceso dentro del frasco. Después de haber llenado el recipiente con hierbas, objetos personales, papeles de oración, etc., asegura la tapa, agita y revuelve el frasco. Puedes calentarlo derritiendo cera sobre la tapa para que la vela pueda mantenerse en pie sin caerse. Luego enciende tu vela encima. Asegúrate de no tener una vela demasiado grande. La acumulación de cera en el frasco mantendrá una mecha ardiendo demasiado tiempo, provocando que la miel del interior se caliente demasiado y gotee fuera del frasco. Asegúrate de inspeccionar ocasionalmente el tamaño de la mecha y recortarla si es necesario. A veces es inevitable y obtendrás algo de miel filtrándose de tu frasco. Este es el momento en que deberías cambiar tu frasco por uno con una tapa que ajuste mejor.

Para hacer tu petición, consigue un papel cuadrado de tres por tres pulgadas. Puedes usar papel de color apropiado o blanco. Si tu papel es demasiado grande, rómpelo suavemente al tamaño adecuado. No lo cortes con tijeras. Escribe el nombre completo de tu objetivo un número impar de veces así:

Acme Cement

Acme Cement

Acme Cement

Acme Cement

Acme Cement

Gira el papel noventa grados a la derecha. Ahora, escribe tu nombre completo exactamente el mismo número de veces que el de tu objetivo. Tu nombre básicamente se escribirá sobre el suyo en un ángulo.

Mary Jane Johnson

Mary Jane Johnson

Mary Jane Johnson

Mary Jane Johnson

Mary Jane Johnson

Alrededor del exterior de los nombres, en un círculo completo sin levantar el bolígrafo y en cursiva, escribe un comando que corresponda con el hechizo que estás haciendo, como:

oportunidadtrabajorecompensasoportunidadtrabajorecompensasoportunidadtrabajorecompensas

Recuerda, no levantes la mano. No cruces las t ni pongas los puntos en las i hasta que hayas terminado el círculo alrededor de los nombres y hayas enlazado la última letra de la última palabra con la primera letra de la primera palabra. Una vez hecho esto, puedes levantar el bolígrafo para cruzar las t y poner los puntos en las i. Lamento decir que si levantas el bolígrafo antes de terminar el círculo, tendrás que comenzar un nuevo papel de petición.

Unta el papel con el aceite apropiado, seguido por espolvorear el polvo hoodoo sobre el papel. Luego añade hierbas y amuletos en el medio, asegurándote de que el papel se cerrará; si encuentras que el papel es demasiado pequeño, haz un papel cuadrado más grande. Declara tu intención en voz alta y luego dobla el papel en dirección hacia ti por la mitad, gira el papel, y dobla nuevamente hacia ti, gira y dobla una tercera vez hacia ti. Toma una porción de miel y cómetela, mientras declaras tu intención nuevamente.

Añade miel al frasco y luego tu papel de petición seguido de cualquier hierba, polvos o amuletos dentro del frasco y cierra la tapa. Usando una vela de color adecuada a la situación, pon una pequeña gota de aceite en la vela y úntala. Untar una vela consiste en frotar aceite en la vela hacia ti cubriendo toda la vela para atraer. Frotarías hacia afuera para repeler o alejar. También puedes espolvorear algo del polvo sobre ella.

Quema la vela completamente, y repite esto durante siete días seguidos para aumentar su fuerza. Después de este tiempo, puedes hacerlo de tres a cuatro veces por semana. Después de dos meses, una vez a la semana debería ser suficiente. Si necesitas que funcione más rápido, continúa tres veces por semana hasta que comiences a sentir un cambio.

Nota: Los objetos personales suelen ser cabello, uñas, fotos, etc. del peticionario. Es una práctica normal incluir un número impar de elementos en el saquito.

Hechizo de Frasco de Miel para un Nuevo Trabajo

Elementos necesarios:

- Miel
- Papel de Petición
- Objeto personal
- Piedra imán
- Arena magnética
- Velas verdes
- Aceite de High John the Conqueror
- Tierra de un lugar que represente la búsqueda de empleo
- Cuenco
- Frasco pequeño

Usa cualquier combinación en número impar de las siguientes hierbas según tus intenciones:

- Canela
- Galangal
- Hierba de cinco dedos
- Pachulí
- Cordón del diablo
- Manzanilla
- Granos del paraíso
- Raíz de grava

Quema una vela durante 7 días seguidos, luego reduce a tres veces por semana hasta conseguir el trabajo. Una vez que lo consigas, guarda el frasco en un lugar seguro o entiérralo en el jardín delantero o en una planta en maceta para colocarlo frente a la casa.

Frasco Para el Amor

Elementos necesarios:

- Miel

- Papel de Petición
- Objeto personal
- Dos piedras imán (tú y tu objetivo)
- Vela rosa o roja
- Frasco pequeño
- Aceite Deséame
- Polvo Ven a Mí

Usa cualquier combinación en número impar de las siguientes hierbas según tus intenciones:

- Lovage
- Gardenia
- Capullos de rosa
- Cilantro
- Lavanda
- Vainilla
- Bálsamo de Galaad
- Jengibre
- Damiana
- Hierba gatera
- Hoja de lengua de ciervo
- Habas tonka
- Bayas de cubeba
- Violeta

Frasco para el Dinero

Elementos necesarios:

- Miel
- Moneda de mercurio
- Piedra de pirita

- Piedra imán
- Papel de Petición
- Objeto personal
- Vela
- Frasco pequeño
- Aceite para Atraer Dinero
- Polvo para Atraer Dinero

Usa cualquier combinación en número impar de las siguientes hierbas según tus intenciones:

- Rama de canela
- Clavo
- Galangal
- Hierba de cinco dedos
- Pimienta de Jamaica
- Menta
- Albahaca
- Pino
- Cedro
- Salvia

Este frasco de miel está hecho para endulzar y atraer dinero hacia ti. Este frasco funciona realmente bien si lo trabajas al menos una vez a la semana, idealmente sería mejor todos los días.

Agita el frasco diariamente y reza tu petición. Después de que las velas se consuman, puedes mantener el frasco activo quemando velas votivas o de té encima de tu frasco para el dinero.

NUEVE
HECHIZOS Y AMULETOS DE HOODOO

Amuleto Para Proteger Mi Hogar

Elementos necesarios:

- 9 Semillas de Mostaza Blanca
- Tela Roja
- Cinta Roja
- Clavo Pequeño
- Martillo

Coloca las semillas en el centro de la tela. Amarra con la cinta. Clava esto en el interior de tu puerta principal.

Amuleto de Buena Suerte

Elementos necesarios:

- Tela verde
- Cinta verde

- Raíz de High John the Conqueror
- Nuez moscada entera
- Moneda
- Vela verde pequeña

Después de encender la vela, déjala que se consuma. Mientras la cera esté todavía blanda, fija tu moneda en ella. Colócala en la tela junto con la nuez moscada y la raíz de High John. Amarra con la cinta. Llévalo contigo para tener buena suerte financiera.

Amuleto de Castaña de Indias

Elementos necesarios:

- Castaña de Indias
- Taladro con broca pequeña
- Mercurio líquido
- Cera para sellar
- Aceite de Suerte Rápida
- Raíz completa de John the Conqueror (Variación 1)
- Nuez moscada entera (Variación 2)

Toma una castaña de Indias y perfórala con un taladro. Llena el agujero con mercurio líquido y luego séllalo con cera. Llévalo escondido en una bolsa de mojo cuando juegues a las cartas. Ungir el amuleto con aceite de Suerte Rápida también aumenta su eficacia. También puedes hacer esto con una raíz completa de John the Conqueror o una nuez moscada entera.

Hechizo de Vela para el Dinero

Bien, este es mi favorito y tenía que incluirlo.

Elementos necesarios:

- Miel
- Canela molida
- Azúcar
- Vela verde pequeña
- Portavelas
- Raíz de High John the Conqueror
- Piedra Ojo de Tigre
- Incienso de Frankincienso en polvo
- Disco de carbón
- Portaincienso
- Recipiente
- Cuchara
- Toalla pequeña

Pon una pequeña cantidad de miel, canela y azúcar en un recipiente pequeño para mezclar. Revuelve hasta que aparezca una pasta. Talla la runa Fehu (ᚠ) en la vela y, usando tus dedos, frota la pasta en la vela desde la parte superior hasta la inferior. Coloca tu vela preparada en su portavelas. Enciende el Frankincienso y luego tu vela. Tomando un poco más de pasta, colócala en tu lengua sin tragar. Hablando en voz alta mientras te concentras en la vela, dile lo que quieres. Algo como:

Vela mágica del dinero, tráeme cien dólares. No estoy siendo codicioso. Necesito poner gasolina en mi auto. Necesito comprar comestibles. Estoy muy agradecido.

Traga la mezcla.

Luego coloca la raíz de High John y la piedra Ojo de Tigre junto a la vela y el incienso y déjalos quemar. Entierra el resto de la vela y las cenizas en la tierra o en un cuerpo de agua.

Para el Matrimonio

Elementos necesarios:

- Pétalos de Rosa Roja
- Agua de Rosas
- Bolígrafo o Marcador

Este es muy, muy fácil. Escribe el nombre de la persona deseada en los pétalos de una rosa roja. Una vez que hayas terminado, sumérgelos en agua de rosas y luego arrójalos fuera de la casa de la persona que amas.

DIEZ
HIERBAS DE COCINA PARA ATRAER DINERO

Pimienta de Jamaica: Cuenta siete pimientas de Jamaica enteras y átalas en la cola de tu camisa o llévalas en tu bolsillo. Tendrás suerte durante siete días. Después de los siete días, láncelas al agua corriente haciendo un deseo.

Albahaca: Espolvorea un poco en el suelo y barre hacia la puerta trasera.

Canela: Mézclala con azúcar y espolvorea un poco sobre una tostada con mantequilla. Espolvorea el resto de la mezcla sobre tu dinero en efectivo y agítalo alrededor de tu puerta. ¡Abre el camino para los negocios, la suerte y también las ganancias en los juegos de azar!

Clavo: Une a los amigos, también atrae ganancias en juegos de azar, y es principalmente preferido en este aspecto por las jugadoras de lotería.

Jengibre: Esta raíz puede usarse fresca, en polvo o en forma seca entera para protegerte de los espíritus malignos y para atraer dinero. Añadirlo a cualquier hechizo de dinero hace que funcione más rápido.

Nuez moscada: La especia suprema del jugador. Lleva una nuez moscada entera en tu bolsillo para la suerte, o puedes rallar un poco y espolvorearla en tus zapatos cuando vayas al casino.

Tomillo: Un potente atractor de dinero. Úsalo en la cocina para atraer dinero al hogar. Prepara una infusión suave y añade un poco al ciclo de enjuague cuando laves tu ropa de trabajo.

Polvo Mágico Para Atraer Dinero

Elementos necesarios:

- 4 cucharaditas de jengibre molido
- 2 cucharadas de canela molida
- 1 cucharadita de pimienta de Jamaica molida
- 1 cucharadita de clavo molido
- 1 cucharadita de macis molido
- 1 cucharadita de nuez moscada molida

Combina los ingredientes y guárdalos en un recipiente sellado.

ONCE
BOLSAS MOJO

Las bolsas mojo, también llamadas bolsas de trucos, sacos de conjuro y bolas jack, son hechizos de encantamiento que se preparan, organizan y fijan en una pequeña bolsa o bola que puedes llevar contigo.

Las bolsas mojo suelen hacerse de tela de franela roja, gamuza suave o bolsas de brocado con cordón. Estas últimas provienen de las costumbres de las bolsas medicinales de los nativos americanos. En la práctica contemporánea del hoodoo, se pueden usar otros colores de franela o tela en lugar del rojo, incluyendo verde (para dinero), azul (para serenidad) o blanco (para dedicaciones y protección). Aunque no es necesario, muchos practicantes espirituales cosen un amuleto o talismán en el exterior de su bolsa para indicar su intención.

Luego se ata con un cordón. En su interior hay algún tipo de hechizo o encantamiento con hierbas, cristales, piedras, peticiones escritas o oraciones, etc., todo reunido con un propósito específico. También hay un vínculo personal del peticionario.

Una vez hecha la bolsa mojo, el trabajador de raíces la prepara y la fija. Como con todos los hechizos cerrados, hay varias formas diferentes en que los conjuradores realizan este ritual, incluyendo sahumarla con incienso, soplar dentro de la bolsa mojo, pasarla sobre la llama de una vela en un altar y rezar sobre ella.

Estas pequeñas bolsas son extremadamente personales y hechas a medida para el propietario. Los dueños de estas bolsas mojo a menudo se niegan a estar sin ellas. Se usan regularmente sobre el cuerpo, en un bolsillo o un bolso para desarrollar un vínculo distintivo con ellas.

La mano mojo es especial porque es más que simplemente un objeto talismánico; es una poderosa ayuda espiritual que trabaja en tu nombre. Continúa el ejemplo lleno de espíritu de los conjuros ya que mantiene que la mano mojo es en realidad un recipiente para un espíritu poderoso. El conjurador reúne raíces, hierbas y curiosidades dirigidas a un objetivo específico y luego las combina en la bolsa. Estos espíritus separados se unen para producir una unidad espiritual que trabaja por el objetivo del peticionario.

Atar la bolsa es una parte importante de su fabricación, ya que mantiene dentro el espíritu cuya ayuda se busca. Además, un pequeño talismán o amuleto puede ser cosido en el exterior de la bolsa.

Aceptando esta cualidad viviente de la mano mojo, existe un método para trabajar con ella. No son objetos puramente consagrados, sino aliados espirituales con los que trabajas. Una mano mojo debe ser alimentada para mantenerla viva. Se les dan aceites especiales de mezclas herbales, colonias especiales, whisky y, de vez en cuando, incluso fluidos corporales. Esta comunicación entre la bolsa mojo y quien la lleva forma un vínculo mutuo entre el espíritu de ambos que conduce a una relación poderosa y gratificante.

Una vez que termines tu bolsa mojo, debes mantenerla fuera de la vista de los demás. Una bolsa mojo normalmente se lleva bajo la ropa. Se cree que si alguien toca tu bolsa mojo, su suerte morirá. Cuando no llevas tu bolsa de conjuro, puedes guardarla fuera de la vista, en algún lugar seguro.

Bolsa Mojo para el Dinero

Elementos necesarios:

- Bolsa de franela roja o verde
- Moneda (real o falsa)
- 1 Castaño de Indias
- Hierba de cinco dedos
- Hierba plateada
- Clavo
- Canela
- Par de piedras imán que quepan en la bolsa
- Aceite para atraer dinero
- Incienso para atraer dinero

Coloca todos los elementos excepto el incienso y el aceite en la bolsa y átala, creando un cuello. Ahúma con incienso. Reza el Salmo 65 sobre la bolsa, alimenta con aceite. Lleva la bolsa junto a tu piel. Cuando no la lleves contigo, guárdala escondida bajo tu colchón.

Bolsa Mojo Ven a Mí

Elementos necesarios:

- Bolsa rosa o roja
- Tu vínculo personal

- El vínculo personal de la otra persona
- Sello de Venus
- Par de piedras imán
- Tierra de iglesia o capilla de bodas
- Haba Tonka
- Raíz de levístico
- Hoja de Damiana
- Azafrán español
- Hierba gatera
- Violeta
- Rosas
- Raíz de regaliz
- Semilla de cilantro
- Raíz de genciana
- Espicanardo
- Lavanda
- Flor de la pasión
- Azúcar
- Incienso de los Tres Reyes
- Aceite de Ámame

Ata la bolsa haciendo un cuello, ahúma con incienso. Reza el Salmo 65 sobre la bolsa, alimenta con aceite de Ámame o whisky, lleva la bolsa junto a tu piel o bajo tu colchón.

Bolsa para la Buena Salud

Elementos necesarios:

- Bolsa de franela roja o verde
- Vínculo personal
- Pétalos de rosa
- Romero

- Eucalipto
- Cayena
- Aceite de salud
- Incienso de salud

Coloca todos los elementos excepto el incienso y el aceite en la bolsa y átala, creando un cuello. Ahúma con incienso. Reza el Salmo 30 sobre la bolsa, alimenta con aceite. Lleva la bolsa junto a tu piel. Cuando no la lleves contigo, guárdala escondida bajo tu colchón.

Bolsa Mojo Para Negocios

Elementos necesarios:

- Bolsa verde
- Tierra de un negocio exitoso o banco (local)
- Chips de canela
- Musgo irlandés
- Raíz de alkanet
- Frijoles de San José
- Trozo de pirita
- Piedra imán
- Billetes y monedas (mejor si son reales)
- Tu tarjeta de presentación
- Incienso de los Tres Reyes
- Aceite para mejorar negocios

Coloca todos los elementos excepto el incienso y el aceite en la bolsa y átala, creando un cuello. Ahúma con incienso. Reza el Salmo 114 sobre la bolsa, alimenta con aceite para mejorar negocios. Lleva la bolsa junto a tu piel durante tus horas de trabajo o guárdala en tu caja registradora.

DOCE
MUÑECOS VUDÚ

Un muñeco vudú es básicamente conocido como un muñeco de vudú. En el propio Vudú, el uso de la magia con muñecos se popularizó en Nueva Orleans después del final de la Guerra Civil. Es uno de los instrumentos más frecuentemente utilizados en la magia simpática. Independientemente de si utilizas un muñeco de tela, de arcilla o de madera, recuerda que los muñecos vudú tienen una larga tradición detrás de ellos. Es una tradición inspirada en las formas mágicas de muchas culturas. Así que, si te sientes atraído por las deidades de una cultura particular, hónralas. Dedícate a tus muñecos, y ellos te corresponderán.

Si haces un muñeco de una persona, cualquier cosa que le hagas a ese muñeco afectará a la persona que representa. Los muñecos vudú son especialmente útiles para hechizos que curan, atraen o mantienen a un amante, o destierran. Se pueden usar siempre que necesites tener un efecto sobre una persona específica.

La mayoría de las veces, un muñeco vudú está hecho de tela, pero también puede hacerse de arcilla, madera, cera u otros materiales. No hay reglas estrictas cuando se trata de la tela. Sin embargo, puedes elegir tu tela en función de tu intención. Por ejemplo, alguien que esté haciendo un muñeco para el dinero podría seleccionar un trozo de tela verde o dorada, negro para deshacer cruces. Si buscas amor, prueba con algo que tenga corazones. Pero, si todo lo demás falla, un simple trozo de muselina o fieltro es ideal para el proyecto.

En cuanto a la textura de la tela, puedes elegir cualquiera. Aunque el algodón es bastante simple de trabajar, si eres un costurero inexperto, tal vez quieras comenzar con algo más firme al principio, como el fieltro, que está disponible en todos los colores posibles. Mantendrá bien su forma mientras coses, y sus propiedades típicas ayudarán a evitar que la tela se deslice durante la construcción.

Puede rellenarse con hierbas consistentes con el propósito del hechizo y algunos objetos personales que conecten al sujeto del hechizo con el muñeco. Si no te apetece utilizar todas las hierbas, puedes añadir algo de relleno, como bolas de algodón, relleno de poliéster, etc.

Una vez que tengas tu muñeco, necesitarás vincularlo a la persona que quieres que represente. Depende completamente de ti decidir cuánto tiempo dura el hechizo. Puede durar una semana, un día o una hora.

Puedes usar una plantilla de hombre de jengibre o crear tu propio contorno para representar a una persona. Si estás haciendo un hechizo para un animal, haz la forma del muñeco correspondientemente.

Tu muñeco no tiene que ser grande, pero deberá ser lo suficientemente grande como para que pueda rellenarse con todos los ingredientes después.

La construcción del muñeco también se puede hacer como parte del trabajo del hechizo en sí, o puede completarse por adelantado.

Dejándote el muñeco para ser usado más tarde. Depende de ti. Sólo recuerda, el muñeco es representativo de una persona. Por esa razón, antes de comenzar la construcción, necesitas decidir qué tipo de hechizo estás haciendo. ¿Quieres un muñeco de protección para mantener en tu hogar o en tu coche? ¿Hay un amigo que necesite alguna asistencia mágica para conseguir un trabajo? ¿O quieres detener a alguien que propaga chismes? ¿Hay alguien que quieres fuera de tu vida? Las posibilidades son ilimitadas. Decidir tu objetivo antes de comenzar es una buena idea.

Tal vez quieras sujetar las dos piezas de material juntas con alfileres, aunque si estás usando algo como fieltro, puede adherirse por sí solo. Cose la figura, dejando una pequeña área abierta. Querrás una apertura lo suficientemente amplia para meter un par de dedos en la cabeza. Dale la vuelta a la figura para que las puntadas queden en el interior. Rellena la figura con las bolas de algodón, relleno de poliéster, lana o hierbas. Puedes personalizar el muñeco añadiendo un cierre de etiqueta en su interior.

Después de haber llenado el interior con los ingredientes, termina de rellenar el cuerpo y la cabeza. Utilizando una puntada de sobrehilado, cose la cabeza para cerrarla.

Ya has colocado el cierre de etiqueta y otros ingredientes dentro de tu muñeco, pero cuanto más personalizado puedas hacerlo, mejor. Dibuja o pinta una cara en tu muñeco. Si quieres usar botones para los ojos, agrégalos antes de comenzar a coser las piezas juntas. Añade hilo para representar el cabello si lo deseas. Si tienes una prenda de ropa de la persona, envuelve tu muñeco con ella, o copia cualquier marca identificativa como tatuajes o cicatrices en el cuerpo del muñeco.

Algo que la mayoría olvida es que necesitas decirle al propio muñeco a quién debe representar. Díselo una y otra vez. Con eso, tu muñeco está ahora listo. Cuando hayas terminado, cubre el muñeco con un paño limpio hasta que se realice tu hechizo o ritual.

Cuando hayas terminado con él, no lo destruyas. Puedes dárselo a la persona que simboliza o enterrarlo de forma segura en la tierra.

Bendición del Muñeco

Bendecir, o identificar ritualmente, tu muñeco vudú llama un poco de la energía de esa persona al muñeco. Después del bautismo, se establece el vínculo espiritual entre el muñeco y la persona, de modo que cualquier cosa que ocurra al muñeco ocurrirá también a la persona.

Para bautizar tu muñeco recién creado, rocíalo con un poco de agua bendita y luego forma el símbolo de la cruz sobre él tres veces diciendo:

En el nombre del Padre, del Hijo y del Espíritu Santo

Te bautizo como "Nombre de la Persona".

Todo lo que le hago a este muñeco, se lo hago a él o ella.

Amén.

Liberación del Espíritu

Cuando tu muñeco ha completado su tarea elegida y ya no lo necesitas. Es necesario liberar esa parte de la energía de la persona antes de deshacerte del muñeco. Para liberar la energía, simplemente realiza el símbolo de la cruz sobre el muñeco y declara:

Permito que mis palabras que te conectan,

Te liberen ahora

Para que puedas volver de donde viniste.

En el nombre del Padre, del Hijo y del Espíritu Santo.

Amén.

Cómo Deshacerse del Muñeco

Al igual que con los restos de velas, deshacerse de tu muñeco consiste en un espectro completo de opciones para el practicante espiritual. Algunos hechizos incluyen instrucciones para deshacerse de un muñeco como parte del trabajo. Por ejemplo, una caja espejo que encierra el muñeco de un adversario puede ser enterrada en la tumba de un espíritu poderoso donde será retenido.

La forma en que te deshagas de tu muñeco estará principalmente influenciada por el propósito para el que se necesitaba el muñeco. En la mayoría de los casos, simplemente puedes liberar la esencia del muñeco, deshacerte de cualquier objeto personal y fácilmente tirar el muñeco. Si te inclinas por ello, podría ser arrojado al agua corriente, quemado, enterrado o incluso dejado en una encrucijada.

Recomiendo que te deshagas de tu muñeco de una manera consistente con la acción. Un ejemplo es si el muñeco era para un propósito beneficioso y funcionó bien para ti, no debe ser desechado quemándolo o arrojándolo al agua, sino enterrándolo con alabanzas. Si no estás seguro de cómo deshacerte de tu muñeco, ofrece una adivinación o solicita respuestas a tus espíritus.

Para ayudarte a comenzar, aquí hay algunos muñecos para hacer:

Para el Amor

Elementos necesarios:

- Color del Material del Muñeco: Rojo o Rosa
- Hierbas: Jengibre, Pétalos de Rosa, Raíz de Orris, Vainilla y Menta
- Piedras: Cornalina

Puedes crear un muñeco para simbolizar al destinatario de tu afecto, o hacer uno para simbolizar tanto a ti como a la otra persona. Si solo estás tratando de atraer el amor hacia ti, pero no tienes una persona particular en mente, haz que refleje todos los detalles que te hacen atractivo para un posible amante. Si estás tratando de atraer a una persona en particular hacia ti, puedes usar un cordón rojo o rosa para unir los muñecos.

Para Conseguir Empleo

Elementos necesarios:

- Color del Material del Muñeco: Verde o Dorado
- Hierbas a utilizar: Tonka, Clavo, Jengibre, Canela, Nuez moscada
- Piedras a utilizar: Turmalina, Citrino

Mientras estás creando el muñeco, piensa en todas las cualidades positivas que tienes y que te convertirían en el candidato perfecto para un empleador.

Protección

Elementos necesarios:

- Color del Material del Muñeco: Blanco
- Hierbas: Albahaca, Incienso, Enebro, Mandrágora, Copal
- Piedras: Ónix, Cuarzo

Concéntrate en un círculo o burbuja de una luz blanca brillante que te rodea. También puedes expandir tu círculo para proteger a quienes están a tu alrededor.

Sanación

Elementos necesarios:

- Color del Material del Muñeco: Blanco o Azul
- Hierbas: Gaulteria, Rosa, Melisa, Clavel, Hiedra y Pino
- Piedras: Piedra de sangre

Mientras creas este muñeco, asegúrate de especificar lo que estás tratando de sanar. Dirige todo tu poder hacia la enfermedad, o la curación.

TRECE
ACEITES

En el Hoodoo, así como en otras prácticas de magia popular, los aceites pueden utilizarse no solo para ungir personas y objetos, como por ejemplo velas.

Después de decidir tu intención, reúne los aceites esenciales que requiera tu receta, añade 1/8 de taza de tu aceite base en un recipiente limpio.

Los aceites base son típicamente los siguientes:

1. Almendra
2. Coco
3. Pepita de uva
4. Jojoba
5. Cártamo
6. Girasol

Usando un gotero, añade los aceites esenciales según las recetas. Asegúrate de seguir las proporciones sugeridas. Para mezclar, no remuevas... haz remolinos. Mezcla los aceites esenciales con el aceite base haciendo movimientos circulares en el sentido de las agujas del reloj. Finalmente, bendice tus aceites si tu práctica lo requiere, aunque no todas lo hacen. Asegúrate de guardar tus mezclas de aceites en un lugar alejado del calor y la humedad. Guárdalos en botellas de vidrio de color oscuro, y no olvides etiquetarlos para su uso. Escribe la fecha en la etiqueta y utilízalos dentro de los seis meses siguientes.

Hay muchas formas de utilizar tus aceites en un entorno ritual. Frecuentemente se aplican sobre velas para trabajos de hechicería - esto incorpora las poderosas energías del aceite con el simbolismo mágico del color de la vela y la energía de la llama misma.

A veces, los aceites se utilizan para ungir el cuerpo. Si estás mezclando un aceite para aplicarlo con este propósito, asegúrate de no añadir ingredientes que irriten la piel. Varios aceites esenciales, como el clavo, la canela, la pimienta negra y el incienso pueden provocar reacciones en pieles sensibles y solo deben aplicarse muy ocasionalmente. Los aceites aplicados a la persona aportan al portador las energías del aceite; un Aceite de Energía te dará un impulso muy necesario, y un Aceite de Valor te dará fuerza ante la adversidad.

Recuerda: nunca apliques aceites esenciales directamente sobre la piel. Deben diluirse considerablemente para que no produzcan una reacción.

Por último, puedes bendecir amuletos, cristales, talismanes y otros objetos con el aceite mágico de tu elección. Esta es una excelente manera de transformar un simple objeto mundano en un artículo de energía y poder mágico.

Aceite Van Van Sencillo

Elementos necesarios:

- 2 cucharadas de hierba de Limoncillo
- 2 gotas de Aceite de Limoncillo
- 2 oz. de Aceite de Almendra
- 1 pequeño trozo de Sal de Roca Bendecida

Añade la hierba de limoncillo y el aceite de limoncillo al aceite de almendra, seguido del trozo de sal de roca en una botella de vidrio de color oscuro y guárdalo en un área oscura.

Aceite Van Van

Elementos necesarios:

- 8 goteros completos de Aceite de Limoncillo
- 4 goteros completos de Aceite de Citronela
- ½ gotero de Aceite de Vetiver
- ½ gotero de Aceite de Palmarosa
- ½ gotero de Aceite de Hierba de Jengibre
- Una pizca de Hojas de Limoncillo secas
- Una pizca de Cristales de Pirita triturados
- 1 onza de Aceite de Almendra (aceite portador para ser utilizado después)

Mezcla los aceites esenciales y déjalos reposar al menos una semana. Esto servirá como tu base. Después de una semana, añade las hojas secas de limoncillo, los cristales de pirita triturados, y un gotero estándar completo de la mezcla base anterior al aceite de almendra en una botella de vidrio de color oscuro y guárdalo en un área oscura.

Aceite Ven a Mí

Elementos necesarios:

- 7 gotas de Aceite de Canela
- 6 gotas de Aceite de Jazmín
- 1 gota de Aceite de Jengibre
- ½ gotero de Aceite de Pachulí
- Pequeños trozos de Rama de Canela
- 1 oz de Aceite de Pepita de Uva

Combina en un recipiente de vidrio de color oscuro y guarda en un área oscura.

Aceite de Todos los Santos

Elementos necesarios:

- ½ gotero de Aceite de Canela
- ½ gotero de Aceite de Rosa
- ½ gotero de Aceite de Gardenia
- ½ gotero de Aceite de Vetiver
- ½ cucharadita de Aceite de Pachulí
- 1 Vaina de Vainilla entera triturada
- 1 oz. de Aceite de Almendra

Combina en un recipiente de vidrio de color oscuro y guarda en un área oscura.

Aceite Corona del Éxito

Elementos necesarios:

- ½ cucharadita de Madera de Áloe
- ½ cucharadita de Hoja de Laurel
- ½ cucharadita de Copal
- ½ cucharadita de Vetiver
- ½ cucharadita de Sándalo
- 1 oz. de Aceite de Oliva

Muele los ingredientes secos para guardar en una botella ámbar. Esta es tu mezcla base. Añade una cucharadita de esta mezcla al aceite de oliva. Permite que permanezca a la luz del sol durante el día. Una vez completado, guárdalo en un área oscura.

Aceite Llave Maestra

Elementos necesarios:

- ¼ cucharadita de Trozos de Raíz Maestra
- ¼ cucharadita de Canela
- ¼ cucharadita de Incienso
- ¼ cucharadita de Raíz de Galangal
- ¼ cucharadita de Mirra
- ¼ cucharadita de Pachulí
- ¼ cucharadita de Salvia
- ¼ cucharadita de Anís Estrellado
- ¼ cucharadita de Verbena
- ¼ cucharadita de Vaina de Vainilla Triturada
- 1 Llave Pequeña
- 2 onzas de Aceite de Almendra

Combina todas las hierbas y resinas para crear tu mezcla base. Añade una cucharadita de esta mezcla al aceite de almendra dulce en una botella ámbar. Coloca la pequeña llave dentro de la botella para desbloquear tus deseos, intuición y tu poder.

Aceite de Confusión

Elementos necesarios:

- 1 gotero completo de Aceite de Vetiver
- 1 gotero completo de Aceite de Mejorana
- 2 goteros completos de Aceite de Pachulí
- 2 cucharaditas de Granos del Paraíso
- 2 cucharaditas de Semilla de Amapola
- 2 cucharaditas de Semilla de Mostaza Negra
- 2 onzas de Aceite de Pepita de Uva (aceite portador para ser utilizado después)

Mezcla todo excepto el aceite de pepita de uva para crear la base. Añade 2 cucharadas de la mezcla base al aceite de pepita de uva. Guarda en un área oscura.

Aceite para Deshacer Maleficios

Elementos necesarios:

- 3 gotas de Aceite de Vetiver
- 2 gotas de Aceite de Clavo
- 1 gota de Aceite de Cedro
- 2 onzas de Aceite de Almendra (aceite portador para ser utilizado después)

Mezcla los aceites y luego añade 2 cucharadas de esta mezcla al aceite de almendra. Guarda en un área oscura.

Aceite de Suerte Rápida

Elementos necesarios:

- 2 gotas de Aceite de Sangre de Dragón
- 2 gotas de Aceite de Limón
- 2 gotas de Aceite de Romero
- 1 gota de Aceite de Canela
- 1 oz. de Aceite de Girasol

En una botella de color oscuro, añade el aceite portador seguido de los aceites esenciales. Guarda en un área oscura.

CONCLUSIÓN

Aunque no sea una religión, el Hoodoo combina características religiosas y ha establecido a lo largo del tiempo ciertas directrices que se deben seguir para practicar su magia de manera efectiva. Los principiantes a menudo llegan al Hoodoo con ideas preconcebidas sobre cómo debe practicarse. Los contratiempos suelen surgir cuando las personas intentan alterar las reglas para adaptarlas a ellos en lugar de cambiar su comportamiento para ajustarse a las prácticas reconocidas.

El flagrante desprecio por las reglas establecidas no solo es descortés, sino también inexcusable. Si continúa, podría tener graves costos espirituales para el infractor. Si has enfurecido a un espíritu por no compensarlo adecuadamente por su ayuda, entonces ese espíritu debe ser apaciguado con ofrendas y sinceras oraciones de perdón.

Los hechizos son actos rituales de magia ejecutados a partir del deseo de uno para lograr un objetivo particular. Para hacer magia efectiva, debes establecer una conexión con el Espíritu, creer firmemente en ti mismo y en que puedes obtener lo que deseas.

Refuerza esto con pensamientos, palabras y acciones positivas, y mantente firme en el conocimiento de que lo que proyectas al mundo volverá a ti.

Sin embargo, esto no significa que los hechizos siempre sean exitosos o que se manifiesten en la forma o manera que uno ha previsto. Los hechizos a menudo fallan por diversas razones que pueden incluir error humano, desprecio por la tradición, que lo que pides no esté destinado a ser, o debido a la oposición directa de otra fuerza espiritual.

OTRAS OBRAS DE MONIQUE JOINER SIEDLAK

Serie de Creencias y Prácticas de Tradiciones Espirituales de África

Hoodoo

Los Siete Poderes Africanos: Los Orishas

Cocinando para los Orishas

Lucumí: Los Caminos de la Santería

Vudú de Luisiana

Vudú Haitiano

Orishas de Trinidad

Conectando con tus Ancestros

Magia de Sangre

Los Orishas

Vodun: La Vida Espiritual de África Occidental

Marie Laveau: Vida de una Reina Vudú

Candomblé: Bailando para el Dios

Umbanda

Explorando el Rico y Diverso Mundo de la Espiritualidad Africana

Chamanismo Africano: El Poder de la Sanación y Transformación Espiritual

ACERCA DEL AUTOR

Monique Joiner Siedlak es narradora, guía espiritual y defensora feroz del empoderamiento personal. Como escritora, bruja y guerrera, combina el misticismo, el paganismo moderno y la espiritualidad de la Nueva Era para desencadenar transformaciones y despertar el potencial ilimitado que hay en los demás.

Nacida en Long Island, Nueva York, Monique ahora considera el noreste de Florida su hogar, pero abraza el mundo como una verdadera ciudadana de la Madre Tierra. Su trabajo invita a los lectores a un viaje de autodescubrimiento, entrelazando la sabiduría ancestral con perspectivas contemporáneas para inspirar crecimiento, sanación y magia.

Cuando no está escribiendo o investigando su próxima aventura mística, encontrarás a Monique viajando, ampliando sus conocimientos y defendiendo apasionadamente el bienestar de los animales y el mundo natural que tanto aprecia.

- facebook.com/mojosiedlak
- x.com/mojosiedlak
- instagram.com/mojosiedlak
- pinterest.com/mojosiedlak
- bookbub.com/authors/monique-joiner-siedlak

www.ingramcontent.com/pod-product-compliance
Lightning Source LLC
Chambersburg PA
CBHW060415050426
42449CB00009B/1976